Delia Nort

Lias

will Kapitän werden

und macht seine erste Fahrt

Copyright: © 2019: Delia Nort
Umschlag & Satz: Erik Kinting – www.buchlektorat.net
Coverbilder: Koltsovthebest und dvargg (deposit-photos.com)

Verlag und Druck:
tredition GmbH
Halenreie 40-44
22359 Hamburg

978-3-7482-5497-3 (Paperback)
978-3-7482-5498-0 (Hardcover)
978-3-7482-5499-7 (e-Book)

Bibliografische Information der Deutschen Nationalbibliothek:
Die Deutsche Nationalbibliothek verzeichnet diese Publikation in der Deutschen Nationalbibliografie; detaillierte bibliografische Daten sind im Internet über http://dnb.d-nb.de abrufbar.

Inhaltsverzeichnis:

Lias

Lias war gerade mal fünf Jahre alt. Er fühlte sich wie ein großer Junge, denn er ging schon eine ganze Weile in den Kindergarten. Jeden Tag packte er seinen kleinen Rucksack -wie Mama und Papa- und hinein kam immer eine Dose mit einem Butterbrot und etwas Obst. So ähnlich machte Papa das ja auch. Also war er nun ein großer Junge.

Seine Gruppe im Kindergarten hieß „Entdecker" und genau so fühlte sich Lias. Wie ein Entdecker.

Manchmal saß er einfach bei den Mädchen in der Kuschelecke und hörte ihnen zu. Dann versank er in seine Träume. Er wollte ein großer Entdecker werden. Vielleicht mal mit dem Flugzeug fliegen oder als Lokomotivführer durch das Land fahren … oder als Kapitän auf einem Schiff über alle Wasser. Man musste Lias dann richtig schütteln, damit er aus seinen Träumen wieder raus kam. Und Lias war manchmal auch sauer, dass er nicht weiter träumen durfte. Doch es wusste ja niemand, dass er träumte. Und erzählt hatte er es noch keinem.

Klar, hatte er einen Freund hier bei den „Entdeckern". Der hieß Phil und sie heckten zusammen manchmal ganz schönen Blödsinn aus.

Einmal hatten sie im Sandkasten vom Kindergarten alle Förmchen und Eimer einfach verbuddelt.

Keiner hatte es gesehen und alle waren nachher auf der Suche danach. Die Erzieherinnen kontrollierten ja immer alles und an dem Tag waren alle Eimer und Förmchen verschwunden. Das war lustig. Phil und er hatten viel gelacht und nichts verraten.

Am nächsten Tag erst wurde der Sandkasten mit einer Harke durch gezogen, damit alles wieder schön glatt war. Und ein Teil hatten sie nicht tief genug verbuddeln können. Da haben die Erzieherinnen es gefunden. Und die anderen Sachen dann natürlich auch. Aber es hat keiner gewusst, wer das gewesen ist. Das war echt ein lustiger Tag. Und bis heute haben sie es keinem verraten.

Ein Ausflug

Heute wollte die Gruppe „Entdecker" vom Kindergarten zusammen zu einem Bach gehen. Die Sonne schien, alle hatten kurze Hosen an, weil es so warm war. Mama hatte heute morgen noch zusätzlich eine kurze Hose und ein Shirt in den Rucksack gepackt. Sie wusste wohl, dass sie heute an den Bach spazierten.

In Zweierreihen mussten sie sich aufstellen. Natürlich standen Lias und Phil nebeneinander. Das machten sie immer so. Unterwegs konnten sie dann gut rumalbern. Nur heute nicht.

Die Erzieherinnen Anette und Tabea hatten gesagt, sie sollten sich an der Hand halten und ganz leise los gehen. Alle 16 Kinder waren wirklich einmal mucksmäuschenstill. Dabei waren sie doch alle schon so aufgeregt.

Als alles ganz leise war, gingen sie los.

Kaum waren sie einige Schritte gegangen, fing Tabea an eines der Lieder zu singen, das sie in den letzten Wochen gelernt hatten: `Danke für diesen guten Morgen, danke für diesen neuen Tag …´ und alle sangen kräftig mit.

Tabea wartete nach einem Lied, ließ den Kleinen etwas Pause beim Singen und stimmte danach wieder ein neues Lied an. Das machte Spaß.

Keiner zappelte aus der Reihe und sie kamen gut voran.

„So, nur noch ein Lied und dann sind wir schon fast da", meinte sie plötzlich sang: „Nimm uns mit Kapitän auf die Reise, nimm uns mit in die weite, weite Welt …"

Die Kinder stimmten ein.

Das war ein Lied, so ganz nach Lias´s Geschmack. Er liebte das Lied, weil er sich dabei als Kapitän so prima vorstellen konnte.

Kaum war das Lied zu Ende gesungen, sahen sie auch schon den Bach und die Aufregung brach durch. Tabea und Anette konnten die Kinder kaum bändigen. Alle stürmten zum Wasser.

Eigentlich gab es nur eine Anweisung: „Wer barfuß ins Wasser darf, legt seinen Rucksack beiseite. Die anderen ziehen bitte erst ihre Gummistiefel an."

Phil und Lias durften mit nackigen Füßen in den Bach. Der war wirklich nicht tief. Plätscherte einfach so vor sich hin. Lias und Phil zogen sich ihre Sandalen aus.

Lias saß zuerst am Rand und steckte seinen Zeh ins Wasser: „Boah ist das kalt", rief er. Phil kam dazu und meinte: „Gar nicht. Du stellst Dich ja nur an." Schwupps, stand Phil im Wasser. Lias stand ganz schnell neben ihm. Auch die anderen Kinder brauchten nicht lange, bis sie im Wasser waren.

Phil spritzte mit dem Fuß das Wasser auf und es begann ein `sich nass spritzen´. Natürlich machten es alle mit und ganz flott musste Anette eingreifen, damit nicht alle jetzt schon ganz nass wurden.

Kannst Du ein Boot aus Papier falten?

Eine Mauer im Bach

Auf der anderen Seite des Baches war eine Wiese. Dort mussten sich alle hinsetzen und Tabea holte einen Stapel buntes Papier aus ihrer Tasche.

Einige Kinder stöhnten.

„Ne, nicht schon wieder malen." Andere meinten:

„Ich hab jetzt keine Lust zu malen." Tabea schmunzelte und sagte: „Nein, es wird nicht gemalt. Es sei denn, Ihr wollt es."

Einstimmig riefen sie ein lautes „Nein!"

Tabea stellte sich vor ihre Gruppe: „Wir sind am Wasser. Und was fährt auf dem Wasser?"

Alle riefen durcheinander: „Ein Schiff!" „Ein Boot!"

„Ein Floß!"

„Richtig. Ein Boot. Und dafür sind die Blätter hier. Wir falten jetzt ein kleines Boot."

Jedes Kind bekam ein Blatt Papier. Und jeder durfte sich seine Farbe aussuchen. Schnell flüsterte Lias seinem Freund zu:

„Ich nehme grün. Wie meine Lieblings-mannschaft." Phil zuckte die Schultern:
„Ich dann blau."

Als jeder sein gewünschtes Blatt hatte, zeigte Tabea ihnen, wie man ein Boot da-raus falten konnte. Lias fiel es leicht, das nachzumachen. Hatte er es doch schon mal mit seinem Opa gemacht. Phil kannte es nicht und Lias half ihm.

Einige Kinder fragten, ob sie ihr Boot an-malen dürften. Einige blieben bei Tabea und malten. Die Anderen wollten ihr Boot auf dem Bach fahren lassen.

Anette ging mit ihnen zum Bach und erklär-te, bis wo sie laufen durften, damit sie alle weiterhin im Auge hatte.

„Ich baue hier erstmal was, damit mein Boot nicht weiter fahren kann", sagte Lias.

„Ich auch", meinte Phil. Und dann standen die Beiden dort und schauten sich den Bach an und überlegten, was sie denn ma-chen könnten.

„Einen Hafen. Wir können einen Hafen bauen!" rief Lias. „Einen Hafen. Wie sollen wir hier einen Hafen bauen?" Keiner von Beiden hatte bisher einen Hafen gesehen. So richtig wussten sie nicht, wie der aussehen sollte.

„Dann bauen wir ein Gitter rein, wo die Boote nicht durch passen! Mit Ästen!"

„Ich hab´s. Bauen wir einen richtige Mauer! Wir sammeln Steine und legen sie ins Wasser."

„Coole Idee."

Die Beiden suchten nun kleine und große Steine. Legten sie in den Bach an die Stelle, die Anette als Grenze gezeigt hatte. Eins der Mädchen kam dazu: „Was macht ihr da?"

„Wir bauen eine Steinmauer", sagten sie voller Stolz. „Willst Du auch Steine sammeln und hier mit an der Mauer bauen?"

Das Mädchen, ihr Name war Lara, nickte und suchte mit. Die Mauer wuchs. Bald hatten sie es geschafft. Hier und da stapelten sie die Steine noch etwas um, denn Lara meinte, das noch zu viel Wasser dadurch plätscherte.

Sie stapelten gerade die letzten Steine, als das erste Boot dort ankam. „Juchhu, mein Boot hat es geschafft", rief Christian.

Phil und Lias schauten sich an, grinsten, nahmen ihr eigenes Boot und liefen den Bach hinauf, zwischen all den bunten Booten, die ihnen schon entgegen kamen.

Hast Du ein Bild von Deiner Kindergarten-Gruppe? Hier kannst Du es einkleben:

Bootstaufe

Da fiel Lias ein, das er mit seinem Opa einen Film geschaut hatte, wo ein Boot auch getauft sein musste, damit es einen Namen hat.

„Ich taufe mein Boot erst", sagte er zu Phil.

„Wie, taufen?"

„Na, das machen die so. Nur Mädchennamen sind erlaubt."

„Hm, dann taufe ich meins auch. Wie heißt Dein Boot denn dann?"

Sie rätselten, welcher Mädchenname darauf sollte. Ein Mädchenname aus der Gruppe kam gar nicht in Frage. Da waren sie sich einig.

„Meins heißt einfach nur `Mädchen´", meinte Lias, weil ihm so schnell nichts anderes einfiel.

Phil zuckte die Schultern: „Dann nenne ich meins einfach `Tabea´."

Lias nahm eine Handvoll Wasser aus dem Bach und ließ es über sein `Mädchen´ laufen. Phil machte es ihm nach.

„Jetzt ist mein Boot nass", jammerte Phil.

„Das muss doch so sein. Wenn wir das schwimmen lassen, wird es doch eh nass", antwortete Lias. Phil fühlte sich getröstet. Sie stellten sich nebeneinander auf und ließen ihre Boote fahren. „Drei, zwei, eins, los!"

„Meins ist schneller!" rief Phil.

„Nein, Mädchen ist schneller!"

„Tabea, schnell", feuerte Phil sein Boot an, klatschte dabei in die Hände. Die Erzieherin drehte sich zu Phil um, schaute, sah aber nichts, warum sie schnell sein sollte.

„Mach, mein Mädchen, mach schneller!" hörte sie da Lias rufen.

Was waren das denn für Rufe, wunderte sich Tabea. Da hörte sie auch schon wieder: „Mach doch, Tabea, schneller!" Das kam ihr jetzt nicht geheuer vor und sie eilte zu Lias und Phil. „Was ist denn hier los?"

Doch die beiden beachteten sie gar nicht, sondern gingen immer noch ihren Booten hinterher: „Los Mädchen, schneller, schneller."

„Ha, Tabea, ich bin mit Tabea schneller."

„Mädchen überholt sie gleich!"

Tabea, die Erzieherin, sah das Rennen der beiden Boote und schmunzelte. Sie beobachtete sie, bis sie fast an der gebauten Steinmauer ankamen.

Kurz davor kippten beide Boote fast zeitgleich um. Lias und Phil stöhnten, wollten ihre Boote retten, bückten sich, stießen zusammen und jeder landete mit dem Po zuerst im Wasser.

Platsch! Beide waren pitschnass, sahen sich an und lachten. „Gewonnen!"

„Na, das ist ja gut, das Ihr Wechselklamotten dabei habt", lachte Tabea.

Der Tag im Kindergarten war schnell vorbei. Es hatte solchen Spaß gemacht am Bach.

Male hier einfach Dein Boot hin!

Opa´s Vorschlag

Zu Hause angekommen erzählte Lias beim Abendbrot vom Erlebnis am Bach. Opa war zu Besuch und lachte und lachte.

Stolz fügte Lias zum Schluss dazu: „Und ich weiß schon, was ich werden will."

„So?" fragte Opa. „Du wirst Bootsbauer?"

„Nein", sagte Lias fest entschlossen: „Ich werde Kapitän."

„Na, dann sollten wir wohl mal auf einem richtigen Boot fahren?"

„Oh ja, Opa, auf einem echten Boot?!"

„Ja", nickte Opa, „auf einem echten Boot. Wollen doch mal sehen, ob Du Boot fahren verträgst. Ich bin gerne bereit, erstmal mit Dir klein anzufangen." Fragend schaute Opa, ob die Eltern von Lias damit einverstanden seien und sie nickten nur leicht.

„Cool, Opa! Wann fahren wir los?"

„Von mir aus schon übermorgen."

„Können wir Phil mitnehmen?"

Opa lachte. „Wenn Phil seine Eltern auch damit einverstanden sind und ihr Euch benehmen könnt, warum nicht? Ich denke, mit Euch Beiden schaffe ich das schon."

Am nächsten Morgen war Lias schon früh wach und aufgeregt. Heute würde er seinem Freund Phil im Kindergarten erzählen, was Opa gesagt hatte.

Und dann musste Phil seine Eltern fragen.

Mittags, als sie abgeholt wurden, war Phil auch schon so aufgeregt, das er fast vergessen hätte, seiner Mutter davon zu erzählen und zu fragen, ob er mitfahren durfte.

„Nun frag doch endlich", sagte Lias ungeduldig. Phil erzählte es seiner Mutter und Lias quatschte vor lauter Aufregung dauernd dazwischen. Phil´s Mutter konnte fast nichts verstehen. Endlich kam auch Lias´s Mama und die Mütter redeten.

Geduldig warteten die Jungs.

Auf dem Nachhauseweg fragte Lias noch mal nach: „Was hat die Mama von Phil gesagt?"

„Sie muss erst mit dem Papa von Phil darüber sprechen."

Lias stöhnte: „Och Mensch, dann darf er bestimmt nicht."

„Abwarten", meinte daraufhin seine Mutter.

Doch warten war nicht seine Stärke.

Am Nachmittag war er bei seinem Opa.

„Opa, bist Du schon mal mit dem Boot gefahren?"

„Ja, mein Junge, schon oft."

„Was für ein Boot?"

„Ich war auf einem Elektroboot, einem Tretboot, einer Yacht und einer Fähre."

„Boah. Cool. Womit fahren wir?"

Opa lachte leise. „Wir, mein Kleiner", und strich dabei über seinen Kopf „fangen erstmal ganz klein an. Ich schlage das Elektroboot vor."

Lias hatte keine Vorstellung von einem Elektroboot und war sehr mit Opa´s Wahl einverstanden.

„Wann fahren wir?"

„Wenn Phil´s Eltern einverstanden sind, fahren wir morgen."

Lias konnte es kaum fassen. Morgen schon! Nur noch einmal schlafen!

Als er später wieder zu hause war, musste seine Mutter noch ganz dringend bei Phil anrufen und nachfragen. Aufgeregt stand er neben ihr, als sie mit Phil´s Mutter sprach und hörte sie dann endlich antworten: „Gut, dann holen wir Phil morgen gegen 10 Uhr bei Euch ab."

Lias freute sich und sprang um seine Mutter herum. „Phil kommt mit, der darf, er darf .. ich freu mich."

Die Mutter schmunzelte: „Ja, Phil darf. Und jetzt ab ins Bett mit Dir."

Male doch eine Uhr hierhin, die 10 Uhr zeigt!

Es geht los

Die Sonne war gerade aufgegangen und die Vögel zwitscherten. Lias war wach. So wach, das er schon aufstand und sich fertig machte. Dann hüpfte er zu seinen Eltern ins Bett: „Mama, Papa, wach werden, aufstehen. Ich geh heute auf große Fahrt."

Der Vater war schon wach, packte sich seinen Sohn, zog ihn unter die Decke: „Es ist noch viel zu früh. Wir können noch was liegen bleiben."

„Ich will nicht liegen bleiben." jammerte Lias. „Ich will zu Opa."

„Opa kommt euch nach dem Frühstück holen. Und bis zum Frühstück ist noch Zeit."

„Komm Papa, wir gehen Brötchen holen. Ich komme auch mit."

Der Vater seufzte: „Na, wenn das mal kein Argument ist", gab sich geschlagen und stand auf. Nachdem er sich fertig gemacht hatte, zogen die Beiden los, Brötchen holen. In der Zeit machte die Mutter schon den Frühstückstisch fertig. Als sie zurück waren vom Bäcker frühstückten sie gemeinsam. Dabei rutschte Lias auf seinem Platz dauernd hin und her, weil er es kaum erwarten konnte. Leider konnte er die Uhr noch nicht richtig lesen, aber als der kleine Zeiger auf die Zahl mit der Eins und der Null zeigte, stand er auf und zog sich die Schuhe an. Die Mutter lachte: „Na, da hat es aber jemand eilig. Dein Opa wird überrascht sein, das Du schon fertig bist." Sie half ihm auch dabei, den Rucksack aufzusetzen. „Und das Du Dich benimmst, mein Sohn!"

„Mach ich doch immer, Mama. Mit Opa ist es ja auch immer toll."

Sie nickte und räumte den Tisch wieder ab. Dabei sah sie das Auto von Opa vorfahren und Lias war nicht mehr zu halten. „Bis später", rief er nur und sie sahen, wie er zu Opa in das Auto stieg. „Fahr Opa, fahr los. Wir müssen noch Phil abholen."

Phil stand auch schon voller Erwartung vor der Tür. Opa stieg aus, um noch kurz mit den Eltern zu sprechen, während Phil sich zu Lias ins Auto setzte.

Endlich kam Opa zurück und die Fahrt ging los.

„Opa, wie lange fahren wir?"

„Ein wenig Geduld müsst ihr schon haben. Ist ja nicht gleich um die Ecke!"

Die Zwei saßen ganz ruhig und jeder schaute zum Fenster raus. Nach einigen Minuten hörte Opa:

„Dauert es noch lange?"

„Wir fahren noch diese Straße lange geradeaus, dann links und über den Kreisverkehr, dann wieder links und irgendwann rechts. Wenn ihr das behalten könnt, wisst ihr ungefähr, wann wir da sind."

Lias zählte es noch mal an seinen Fingern ab: erst noch geradeaus, dann links (wo war noch mal links?) und dann im Kreis und wieder links.

Irgendwann dann rechts. Oh, das war aber noch weit.

Phil hatte seine Hand auch vor sich gehalten und mitgezählt. Jetzt schauten beide nach vorne und warteten, das Opa links abbiegen würde.

Endlich. Aber immer vorn auf die Straße gucken war ihnen zu anstrengend. Sie spielten lieber Schnick, schnack, schnuck.

Da hörten sie plötzlich Opa sagen: „Rechts kann man schon den See sehen."

Sie schauten raus und ja, da waren auch Boote drauf. Die Aufregung war groß. Endlich waren sie da.

„Eine Kurve noch und dann parken wir", meinte Opa.

Wie stellst Du Dir den See vor? Willst Du ihn malen oder hast Du ein Bild?

Das Boot

Da sie es kaum erwarten konnten, waren sie schnell ausgestiegen und suchten mit den Augen schon alles ab. Konnten den See jedoch nicht sehen. Opa schmunzelte, da er gesehen hatte, worauf ihre Blicke trafen.

„Opa, gehen wir da auf den Spielplatz?" fragte Lias entsetzt.

„Auf den Spielplatz? Sind wir denn dafür hergekommen?"

Sie riefen aus einem Mund: „Nein!"

Opa packte jeden an die Hand und dann mussten sie noch einige Minuten gehen. Kaum waren sie um eine Ecke gegangen, da lag der ganze See vor ihnen. Glitzernd, weil die Sonne darauf schien. Sie hüpften.

„Der ist aber groß."

„Wenn man mit einem Boot drüber fahren will, sollte der See schon etwas größer sein. Und jetzt gehen wir dorthin", Opa zeigte auf einen Stand. „Dort mieten wir uns ein Boot."

Lias nickte „Ein Elektroboot", meinte er stolz zu Phil.

Neugierig blieben sie bei Opa, als dieser ein Boot mietete. Sie mussten etwas warten. Es waren noch mehr Leute auf die Idee gekommen, bei dem schönen Wetter auf ein Boot zu gehen. Hach, das dauerte aber auch wieder lange. Dann endlich war Opa dran.

In der Wartezeit hatten sie die kleinen Boote gezählt.

Es gab 6 Elektroboote hier am Steg. Sie durften sich eines aussuchen. Das hatte der Mann gesagt, der jetzt auf Rettungswesten hingewiesen hatte.

Opa suchte zwei in der richtigen Größe raus. Lias würde alles machen, damit er auf das Boot durfte. Doch Phil wollte die Weste nicht anziehen.

„Kannst Du schwimmen, Phil?" fragte Opa.

„Ein bisschen", antwortete Phil.

„Die Weste musst Du immer tragen, wenn Du auf dem Wasser bist. Auch, wenn Du mal richtig schwimmen kannst. Wenn Du mal ins Wasser fällst, hält sie dich auf dem Rücken und damit deinen Kopf über Wasser. Damit kannst du nicht untergehen."

„Aber die Farbe…" sagte Phil.

„Die Farbe ist sehr wichtig. Sie ist so leuchtend, damit man dich sofort im Wasser sehen kann, falls du mal darin landest. Wäre sie dunkelblau, könnte man dich ja kaum finden."

Phil schaute zum Wasser. Der Opa hatte Recht. Das leuchtete ihm ein. Jetzt zog er die Weste auch ohne zu murren an. Opa machte die Westen noch zu, zog sich selber eine über und sie gingen zum Steg.

„Na, dann schaut mal genau hin und sucht euch mal ein Boot aus." Jedes Boot hatte aus Spaß eine andere kleine Flagge angebunden. Sie suchten sich das mit der Deutschland-Flagge aus und vorsichtig stiegen sie rein. „Darf ich nach vorne?"

„Ich möchte auch." Beide wollten fahren. „Ihr dürft beide vorne sitzen. Ist ja breit genug, das ich dann auch noch dazwischen passe."

Kaum saßen die zwei, fragten sie auch schon:

„Darf ich fahren?" – „Ich möchte auch!"

„Moment", meinte Opa. „Wir müssen hier vorsichtig raus fahren und dürfen niemanden anstupsen. Es darf kein Kratzer ins Boot kommen. Wer von Euch Beiden kann das?"

Beide sagten nichts mehr, warteten ungeduldig. Bevor Opa sich vorne zwischen den Jungs setzen konnte, löste er die Festmacher von den Klampen.

„So, dann zieht mal den Festmacher rein." Das war die Leine, die Opa gelöst hatte, damit sie am Steg nicht mehr fest waren.

Zum Starten brauchte man nur einen Schalter umlegen. Da sie rückwärts rausfahren mussten,legte er den Schalter auf `rückwärts´ und es ging los.

Freie Fahrt

Vorsichtig navigierte Opa das Boot aus der Box an den anderen Booten, die noch am Steg lagen, vorbei.

„So", meinte Opa. „Nun sind wir auf dem Wasser. Wenn einem von euch übel wird, sagt bitte Bescheid." Opa kramte eine Tüte aus seiner Hosentasche. „Der hält dann die Tüte auf und kann zur Not da rein spucken."

„Mir geht es gut", sagten sie wie aus einem Mund gleichzeitig.

„Na, dann wollen wir hoffen, das es so bleibt und ihr wirklich nicht seekrank werdet."

Beide schüttelten den Kopf „Werden wir nicht, Opa!"

„Eines müsst Ihr Euch immer merken, wenn ihr auf einem Boot seid."

Opa wollte versuchen, ihnen direkt einiges beizubringen. Und wenn die Zwei heute schon wissbegierig waren, wollte er das nutzen.

„Was denn, Opa?" Auch Phil nannte ihn so. Sie kannten sich ja schon lange und Phil´s Opa wohnte weit weg und deswegen sah er ihn nicht oft. Da durfte Lias´s Opa auch Phil´s Opa sein.

„Sobald ihr unterwegs seid, gehört eine Hand immer dem Boot und die andere Hand ist für andere Dinge da."

„Was heißt das? Versteh ich nicht."

„Wenn du auf einem Boot bist, egal, wie groß, dann musst du gucken, das du Dich mit einer Hand immer festhalten kannst. Und mit der anderen kannst du steuern oder was trinken oder wie auch immer."

„Ach so. Wenn ich jetzt fahren darf, dann muss ich mich mit einer Hand festhalten und mit der anderen kann ich lenken?" fragte Lias.

„Genau so", antwortete Opa.

„Darf ich jetzt fahren? Ich hab das ja kapiert."

Sie waren an den Stegen vorbei, waren frei auf dem Wasser. Opa schaltete den Gang raus. Das Elektroboot hatte nur einen

Gang mit einer konstanten, langsamen Geschwindigkeit. Genau richtig, um anzufangen.

„Dann sollten wir jetzt wohl ganz vorsichtig unsere Plätze tauschen, kleiner Kapitän." Opa stand auf und das Boot wackelte. Die Jungs fingen an zu lachen. „Na, wenn ich jetzt nicht aufpasse", sagte Opa, „wackelt das Boot gleich noch mehr."

„Du musst eine Hand am Boot machen, Opa, dann klappt das." Opa machte genau das und setzte sich auf die andere Seite von Lias.

„So, das Boot fährt kaum noch."

„Opa, wenn Du den Gang raus machst, war das doch klar, oder?"

Opa erklärte: „Jetzt schaut ihr Euch an, wie viel auf dem Wasser los ist."

„Nicht so viel."

„Na, erklär mir mal, was Du alles siehst", forderte Opa auf.

Backbord – Steuerbord

„Da vorne ist ein Schiff, das schneller ist als wir." sagte Phil und zeigte rechts von sich.

Lias meinte darauf: „Klar, wir stehen ja auch fast."

„Wir haben ja auch kein Segel", klärte Phil ihn auf.

„Und da hinten sind noch ein paar mit Segeln."

„Guck mal, neben uns kommt noch so ein Elektroboot."

„Prima", meinte Opa, „ jetzt habt ihr alle im Auge. Und das Schiff, was schneller ist und rechts von uns kommt, das hat einen Motor. Wir sind viel kleiner als der, also gucken wir, das wir genug Abstand haben. Übrigens heißt rechts auf dem Wasser in der Richtung, die man fährt: Steuerbord."

„Steuerbord", murmelte Lias. „Und wie heißt dann links?"

„Links heißt Backbord. Leichter zu merken ist es, wenn ihr es aussprechen müsst:

Steuerrrrrrbord", sagte Opa und betonte sehr stark das rrrr.

„Steuerrrrrbord rrrrrechts, Backbord links."

„Das kann ich behalten", sagte Phil.

„So, nu wollen wir mal wieder den Gang einlegen", meinte Opa. „Ich will ja nicht den ganzen Tag hier auf der Stelle liegen."

Lias freute sich, schaute Opa fragend an und der nickte. Da durfte er den Gang einlegen, der Motor sprang an und es wurde wieder gefahren.

„Guck nach Steuerrrrbord", meinte Phil. „Da kommt das Motorschiff!"

„Ja, ich pass ja schon auf. Ich lenk mal nach links … ähm, Backbord."

Opa schmunzelte und meinte leise: „Sehr gut." Das Motorschiff fuhr an ihnen gerade vorbei, da wünschte Opa sich: „So, Junge, nun mal hart Backbord", und wollte sehen, wie Lias reagierte.

Er schaute seinen Opa kurz an und drehte den Lenker so lange, bis es nicht mehr ging. „Klasse, Junge, richtig gemacht."

„Ich hab voll gelenkt, so richtig hart."

Opa lachte laut. „Das hast Du wohl. Aber auf dem Wasser heißt es nicht lenken, sondern steuern."

„Ach ja, ich weiß schon. Es heißt ja auch Steuerbord. Alles klar, Käpt´n." Sie fuhren eine Weile über den See und Lias probierte das Steuern aus. Es machte ihm großen Spaß. Er wollte gar nicht aufhören, da fragte Phil: „Kann ich jetzt auch mal fahren?"

„Ach Opa, ich will noch …", fing Lias an zu jammern.

„Phil ist ja mitgekommen, um das auch auszuprobieren. Wir sollten ihn also mal machen lassen. Allerdings möchte ich mit meinem Handy erst noch ein Bild von Dir, dem kleinen Skipper, machen." Lias schlug sich mit der flachen Hand auf die Stirn und meinte albern: „Ja, wenn es denn sein muss!" Dabei erfüllte ihn ein richtig gutes Gefühl, so wichtig zu sein, weil er steuern durfte.

Er setzte sich gerade hin und lächelte in das Handy. „Aber pass auf, Opa, das es Dir dabei nicht ins Wasser fällt."

„Da gebe ich schon drauf acht", lächelte er zurück und machte ein paar Bilder.

Jetzt musste Opa wieder aufstehen und Phil musste sich in die Mitte setzen. Dazu machten sie den Gang wieder raus. Opa fragte: „Und woran müssen wir jetzt beim wechseln denken?"

„Immer eine Hand zum festhalten."

„Richtig!"

Diesmal wackelte das Elektroboot noch etwas mehr, aber sie bekamen es hin. „Jetzt bin ich der Steuermann!" strahlte Phil stolz. Opa hatte sein Handy noch in der Hand.

„Dann mach ich jetzt auch gleich noch ein paar Bilder von dir, Phil." Bevor der Gang wieder eingeschaltet wurde, setzten die beiden Jungs sich noch so hin, das sie dem Anderen den Arm über die Schulter legen konnten. So wie richtige Kumpel. Und Opa musste sie fotografieren.

Hier kannst Du ein Boot malen und zeigen, wo Backbord und Steuerbord ist.

Ein wenig Wetterkunde

„So, Steuermann und Matrose, eine leichte Brise kommt auf. Dann wieder los."

„Was bedeutet leichte Brise?"

„Etwas Wind weht. Schaut mal auf das Wasser. Seht Ihr die Wellen?"

„Die waren vorhin aber nicht so da. Ich hab auf jeden Fall keine gesehen."

„Richtig. Daran könnt ihr immer sehen, ob der Wind etwas schwächer oder stärker geworden ist. Und ihr solltet die Wolken immer mal beobachten."

„Hä? Warum die Wolken?"

„Die Wolken werden vom Wind geblasen und daran kann man sehen, aus welcher Richtung er kommt."

„Das verstehe ich nicht."

„Na, ich glaube, das ist noch etwas zu früh für euch. Das lernt Ihr später noch dazu. Aber wenn die Wolken dunkel und schnell sind, dann seht immer zu, das ihr in den nächsten Hafen kommt."

„Kommt dann Gewitter?" fragte Lias ängstlich und schaute zu den Wolken. Aber heute waren wenige Wolken zu sehen und sie waren sehr, sehr langsam.

„Auf jeden Fall bedeutet es nichts Gutes und wenn so was ist, ab zum nächsten sicheren Hafen." Opa schaute auch kurz hoch „Heute haben wir fantastisches Wetter. Keine dunkle Wolke und wenig Wind. Also perfekt, das unser Steuermann eine Runde drehen kann."

Auch Phil probierte das Steuern aus, traute sich aber nicht, mal hart Backbord oder hart Steuerbord zu fahren, ohne das Opa das sagte. Phil beobachtete die Boote und steuerte einfach so durch zwei, die sehr weit auseinander waren, durch.

„Da, Phil, da hinten schwimmen Enten. Fahr mal dahin", rief Lias aufgeregt.

„Ich seh nix", meinte Phil.

„Dahinten eben, so ... so ...", er zeigte in die Richtung, „... ähm ... Steuerbord, fast geradeaus."

Opa ließ die Beiden machen. Die Enten würden schon weg schwimmen. Es sollte ja nicht nur zum lernen sein, sondern auch Spaß machen. Da entdeckte Phil sie auch und drehte das Steuer dahin.

„Los, doch, Boot, mach schneller, sonst sind die gleich weg", rief Lias.

Phil antwortete: „Das geht nicht schneller mit dem Boot hier." Sie mussten sich gedulden und tuckerten langsam dahin.

Sie waren fast bei den Enten, als einige schnatterten und weg flogen. „Och, die haben bestimmt Angst vor uns", sagte Phil und steuerte die anderen Enten an, die noch da schwammen. Sie blieben auch schwimmend im Wasser und Phil fuhr eine Runde weit um sie herum.

Eine Ente schien sich gar nicht zu bewegen. Auf die hatte es Phil jetzt abgesehen. Sein Freund hatte es auch bemerkt und sagte: „Wir müssen leise sein. Vielleicht sieht und hört sie uns dann nicht." Und genau deswegen schaltete Phil jetzt einfach den Gang raus. Der Motor verstummte und sie hatten noch ein wenig Fahrt in Richtung der Ente. Nur noch ein paar Meter … „Soll ich noch mal den Gang rein …?", flüsterte Phil.

„Nein", meinte Lias „dann hört sie uns ja und haut ab." Phil hielt jetzt nur das Steuerruder und beobachtete die Ente. Sie drehte den Kopf. Leise meinte Lias: „Sie hat uns gesehen."

„Ich glaube auch", antwortete Phil. Langsam ging seine Hand zum Schalter, um doch den Motor wieder zu starten. Seine Hand hatte ihn noch nicht berührt, da flog die Ente laut schnatternd hoch. Die Jungs zuckten mächtig zusammen, so hatten sie sich erschrocken. Und Opa lachte und lachte.

Schwell

Beide lachten nach dem Schreck mit. „Das war witzig", meinte Lias.

„Ja, das war es", sagte Opa und schaute auf seine Uhr. „So langsam sollten wir wieder in den Hafen. Ich denke, es ist Zeit für eine Pommes."

„Cool, da hab ich gleich voll Lust drauf", meinte Phil.

„Auf dem Wasser sein macht hungrig", meinte Opa.

„Mir knurrt auch schon der Magen. Also dann, Skipper, schalte den Motor an, hart Backbord und ab zum Hafen."

Der See war nicht soo groß, sie konnten den Hafen sehen. Phil freute sich, das er hart Backbord einschlagen durfte. Und dann hielt er auf den Hafen zu.

„Klasse gemacht, aus Euch werden bestimmt mal gute Kapitäne", lobte Opa. „habt Ihr auch alles im Blick?"

Sie schauten sich um. Ach, da kam das Motorschiff wieder zurück. „Oh, oh, Phil, pass auf, das Motorschiff!" rief Lias. Es war gar nicht so weit weg und seinen Motor konnte man auch schon hören.

Opa hatte die Lage schon bemerkt, fand aber, das alles im sicheren Bereich lag. Diesmal wollte er,

soweit wie möglich, den Jungs alles überlassen und nur eingreifen, wenn es nötig war.

Sehr aufmerksam wurde das Motorschiff beobachtet. Opa merkte, das Phil etwas verunsichert war, doch er ließ ihn in Ruhe.

„Uih uih uih", sagte Lias „das wird eng."

„Wird es nicht", antwortete Phil.

„Soll ich lieber…?" fragte Lias, voll überzeugt, das er das besser schaffen konnte als Phil.

„Boah, das geht doch nicht, jetzt die Plätze zu tauschen!" sagte Phil laut.

Da mischte sich Opa ein: „Phil macht das ganz gut. Lias, wir passen auf."

Und wieder starrten sie auf das Motorschiff. Doch es waren noch gut 20 Meter Abstand, als es vorbei fuhr. Opa musste grinsen. So viel Platz und die Beiden waren so aufgeregt. Als es hinter ihnen war, pusteten sie die Luft aus, die sie angehalten hatten. „Puh, das war richtig aufregend!" meinte Lias.

„Moment", meinte Opa. „Das Beste kommt jeden Augenblick."

„Was meinst Du?"

In dem Moment kam die Welle und ließ sie etwas schaukeln. Da das Motorschiff nicht so groß war,

war die Welle nicht heftig, aber die Zwei hatten nicht damit gerechnet und waren überrascht.

„Cool, ne Welle. Von dem Schiff."

„Das nennt sich Schwell. Ein vorbei fahrendes Schiff macht immer Wellen und die kommen dann auch an, wenn man in der Nähe ist", erklärte Opa.

Hast Du ein Bild, was Du hier einkleben möchtest?

Boje – Tonnen

Nachdem sie sich beruhigt hatten, steuerte Phil weiter Richtung Hafen. Im Außenbereich war eine kleine Boje.

„Siehst Du voraus die Boje, Phil?"

Mit den Augen suchten sie das Wasser ab.

„Ja, das kleine Ding dahinten?"

„Genau, dahin möchte ich. Dann tauschen wir unsere Plätze, damit wir auch wieder heil in den Hafen kommen."

„Ach, Opa, ich möchte so gern in den Hafen steuern!" sagte Lias.

„Vielleicht probieren wir das ein anderes Mal, Lias. Ich fahre gerne noch mal mit Euch hierhin. Heute nicht. Heute möchte ich auf Nummer sicher gehen", bestimmte Opa.

Natürlich schaute Lias seinen Opa mit ganz lieben Augen an. Manchmal wurde Opa dann weich und erlaubte doch was.

Aber heute blieb er hart.

So schaute er nur zu, wie Phil das Boot bis zur Boje brachte. Einige Meter vorher sagte Opa:

„Nimm den Gang mal raus und lass das Boot die paar Meter gleiten. Dann müssen wir mal schauen, ob wir uns an der Boje festmachen können."

„Warum?"

„Damit ihr sehen könnt, wofür man eine Boje auch brauchen kann. Man nennt sie aber meistens Tonnen. Im Meer gibt es so einige davon und alle haben eine Bedeutung."

„Müssen wir die alle lernen, wenn wir Kapitän werden wollen?"

„Ja, das wäre schon gut. Aber wenn ihr jetzt schon hin und wieder mal auf's Wasser kommt, lernt ihr, das nach und nach. Wie im Straßenverkehr."

„Ah, genau, da kenne ich auch ein paar Schilder."

„Ich auch. Zebrastreifen, Vorfahrt – das ist das mit dem gelben Viereck in der Mitte, das aussieht wie ein eckiges Spiegelei!"

Sie lachten. Und sie waren an der Boje angekommen. Opa machte kurz das Boot daran fest. „Seht ihr? Wenn man segeln will, kann man erst bis hier fahren, dann macht man sich an der Boje fest. So hat man Zeit, um die Segel startklar zu machen."

„Wir haben aber gar kein Segel hier, Opa!"

„Richtig. Wir haben nur angehalten, damit ich Euch das zeigen kann und damit wir zum Anlegen wieder die Plätze tauschen können."

Opa löste das Boot wieder von der Boje, setzte sich zwischen die Jungs und legte den Gang wieder ein. „Schade, das es schon vorbei ist", meinte Phil.

„Jetzt hab ich aber echt auch Hunger", sagte Lias.

Hier ist Platz für ein Boot an der Boje:

Klampe belegen

„Na, dann wird es wohl Zeit, das wir anlegen", sagte Opa und steuerte zum Steg.

„Ihr Zwei müsst nun aufpassen, das ich nirgendwo dran komme und wir gut anlegen."

Lias und Phil drehten sich jeweils zu ihrer Seite, die Hände am Boot und passten auf.

„Hier ist Platz genug."

„Hier auch", kam von der anderen Seite.

„Na dann, kann ich ja …"

Opa konnte das aber auch gut. So wollten sie das später auch können. Sie wollten schon aus dem Elektroboot klettern, als Opa sie stoppte: „Halt, erst muss das Boot mit dem Festmacher an die Klampe gebunden werden."

„Ich weiß doch gar nicht, wie das geht. Einfach drumwickeln?"

Phil reichte Opa die Leine. Opa nahm sie und sprach: „Schaut zu", und wickelte sie drei mal nacheinander über Kreuz über die Klampe. Zum Schluss legte er das eine

Ende noch mal über eine Seite und zog es fest. „Und jetzt kann das Boot nicht mehr weg!" stellte Lias fest.

„Richtig. Dafür kann der Nächste es aber allein ganz leicht lösen. Und wenn jeder das so macht,
sind alle zufrieden." Denn Opa hatte schon gesehen, das manche ganz komische Knoten da rein gemacht hatten. Da ärgerte sich dann jeder Andere drüber.

„Habt Ihr auch alles? Es darf nichts vergessen werden!"

Die beiden Freunde schauten sich noch mal und stiegen dann aus dem Boot. Ein letzter Blick noch mal vom Steg aus und dann ging es wieder zum Stand. Die Rettungswesten mussten ja noch abgegeben werden.

„Und wie schlimm war das nun mit den Rettungswesten?"

„Gar nicht schlimm", meinte Phil. „Beim nächsten Mal weiß ich das dann ja schon. Dann zieh ich die sofort an." Opa schmunzelte.

Er bezahlte noch schnell die gemietete Zeit des Bootes und wandte sich dann seinen Buben wieder zu: „Wer Hunger hat, der geht jetzt mit mir!" Natürlich folgten sie Opa. Er kannte sich aus und wusste wohl, wo hier in der Nähe ein Imbiss war.

Sie ließen es sich auch schmecken. Opa staunte, was in so kleine Jungs alles rein passte.

„Gehen wir jetzt noch auf den Spielplatz?" Die Sonne schien immer noch, die Jungs waren satt und Opa war glücklich, das sie so brav waren.

Deswegen sagte er: „Gut, wir gehen noch zum Spielplatz."

Sie jubelten. Sie waren gerne mit Opa unterwegs. Während Opa auf der Bank saß und alles beobachtete, spielten sie. Es wurde eine Burg aus Sand gebaut, sie rutschten und schaukelten. Am Klettergerüst versuchte jeder, der Erste oben zu sein. Als sie wieder runter kamen, stand Opa da:

„Zum guten Abschluss heute spendiere ich noch ein Eis. Dann geht es nach Hause."

Am nächsten Kiosk holten sie sich ein Eis und spazierten gemütlich zum Auto. Dort angekommen, gab es Feuchttücher um die Hände sauber zu machen und sie stiegen ein.

Opa startete und erwartete, das die Jungs unterwegs sicher viel erzählen würden. Doch es war ruhig. Ganz ruhig. Er schaute kurz in den Rückspiegel: Beide waren eingeschlafen.

Das war ein aufregender Tag.

Opa plant

Kurz bevor sie ankamen, machte Opa die Musik aus dem Radio lauter. Sie sollten langsam wach werden. Und es klappte auch. Nacheinander schlugen sie die Augen auf. „Sind wir schon da?"

„Es ist nicht mehr weit und wir wollen Phil ja sicher bis zur Tür bringen. Ein paar Minuten habt ihr noch."

Lias rieb sich die Augen. „Das erzählen wir aber im Kindergarten!"

„Ja, die werden gucken! Das wir ein Boot gesteuert haben", freute sich auch Phil. Er gähnte. Dann war es wieder ruhig zwischen den Beiden.

Opa hielt vor dem Haus an, wo Phil wohnte. „Erste Endstation. Einmal aussteigen bitte." Auch Opa stieg aus, ging mit Phil noch bis zur Haustüre, während Lias immer noch müde im Auto wartete.

Phil winkte und Lias winkte zurück.

„Jetzt aber ab nach Hause", meinte Opa, als er wieder ins Auo stieg.

Es dauerte nicht lange, bis sie dort waren. Opa war schon ausgestiegen und öffnete die hintere Autotür.

Ganz langsam stieg auch Lias aus. Da sah er seine Mutter schon in der Haustür stehen und lief auf sie zu: „Mama, das war so schön heute mit Opa. Wir sind ein Elektroboot gefahren. Ich war Kapitän."

Die Mutter lachte. Gemeinsam gingen sie rein und Lias war wieder ganz fit. Er erzählte und erzählte.

Opa wollte sich verabschieden: „Herr Kapitän, das haben sie prima gemacht und ich würde mich freuen, wenn wir das noch mal machen können."

„Ja, immer, Opa! Jetzt will ich erst recht Kapitän werden."

Alle lachten.

Die Mutter fragte: „Dir hat es so gut gefallen?"

„Ja, Mama. Ich kann auch schon Steuerbord und Backbord. Und was eine Boje ist, weiß ich auch schon. Aber auf dem Meer heißen die Tonnen, sagt Opa."

Da mischte sich Opa ein: „Na, dann sollten wir mal einen richtigen Törn machen. Auf einer Jacht. Was hältst Du davon?"

„So richtig mit Übernachtung? Auf einem großen Schiff?"

„Lass uns mal mit einem kleinen Törn starten, der nur drei bis vier Stunden dauert. Dafür aber nicht auf einem See, sondern auf einem Meer."

Lias strahlte über das ganze Gesicht. Darauf würde er sich freuen …

Das wird dann wohl sein nächstes Abenteuer auf dem Wasser. Und Phil wollte er auch wieder mitnehmen. Bist Du auch dabei?

Auf den nächsten Seiten hast Du noch Platz, um weitere Bilder einzukleben oder zu malen.

MIX

Papier | Fördert
gute Waldnutzung

FSC® C083411

Zeitfracht Medien GmbH
Ferdinand-Jühlke-Straße 7
99095 Erfurt, Deutschland
produktsicherheit@kolibri360.de